PARIS

DOIT-IL ÊTRE FORTIFIÉ?

Examen historique de cette question;

PAR

LOUIS DE L'AUDE.

PARIS

P.-H. KRABBE, ÉDITEUR,

QUAI SAINT-MICHEL, 15;

ET CHEZ TOUS LES LIBRAIRES DE FRANCE.

1840

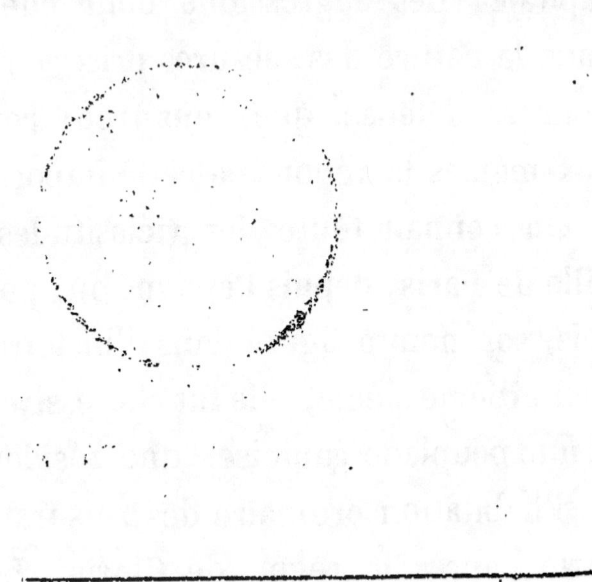

LAGNY. — Imprimerie d'Aug. LAURANT.

PARIS

DOIT-IL ÊTRE FORTIFIÉ ?

Le projet du gouvernement de fortifier la ville de Paris a donné lieu à une vive polémique sur l'opportunité ou l'inutilité de cette grave mesure.

C'est dans l'étude des divers accroissements de la capitale, des aggressions dont elle a été l'objet, dans la nature des mesures prises en tous les temps pour sa défense, que nous trouverons par les faits eux-mêmes la réponse à cette importante question.

On connaît toutes les vicissitudes qu'a subies la ville de Paris, depuis l'époque où, pour la première fois, son nom a figuré dans l'histoire. Du premier au huitième siècle, elle fut successivement le centre d'une peuplade gauloise, une résidence impériale, et l'habitation ordinaire des rois francs de la Neustrie, après le règne de Clovis. Les rois-empereurs de la deuxième race l'abandonnèrent au gouvernement de ses évêques et de ses comtes. Elle devint ensuite le chef-lieu féodal du duché de France, puis enfin la capitale du petit royaume fondé par Hugues Capet et qu'agrandirent insensiblement les princes de la troisième dynastie. Dans ces divers états, Paris fut presque toujours une ville fortifiée jusqu'au milieu du dix-septième siècle. Les plus anciens documents ne parlent, il est vrai, que de la force de sa position ; du temps de César, elle était toute entière enfermée dans l'île de la Cité, et communiquait par des ponts avec les deux rives de la Seine que couvraient alors à l'extérieur des marais presque inaccessibles. Plus loin, des collines couvertes de bois l'entouraient presque de tous côtés.

Julien l'Apostat, qui habitait le palais des Thermes sur la rive gauche du fleuve, a laissé sur Paris un document fort curieux, dont nous extrayons le passage suivant: « Je passais l'hiver, dit-il, dans ma chère Lutèce ; c'est ainsi que les Gaulois appellent la place forte, *oppidum*, des Parisiens. C'est une île assez petite, située dans un fleuve qui l'environne de toutes parts ; des ponts de bois y conduisent de l'une et l'autre rive. » Ammien Marcellin, en racontant le séjour de Julien à Paris, nomme cette ville le Château, *castellum*, des Parisiens, expression qui, plus spécialement encore que le mot *oppidum*, désigne une place forte.

Rien n'indique l'époque où Lutèce fut entourée de murs pour la première fois ; mais il est certain qu'une enceinte ne tarda pas à s'établir autour de la Cité. Elle existait probablement au quatrième siècle, ou au plus tard vers le milieu du cinquième ; les vestiges de murailles trouvés près de l'église de Saint-Landry en sont un témoignage. Sous la première race, les documents historiques ne permettent pas de douter de l'existence de cette enceinte. C'est d'abord Childebert qui, dans la charte de fondation de l'abbaye de Saint-Germain-des-Prés, de l'an 558, annonce qu'il veut élever une basilique, *non loin des murs de la Cité*... Il est question dans le même titre de la *porte* de la Cité, et d'une tour ou château. Puis, par un acte de 645, où Bertrand, évêque du Mans, donne à l'église de cette ville une maison bâtie par Eusèbe, et que lui avait donnée le roi Clotaire, on voit que cette maison était située *dans les murs* de la Cité de Paris.

Mais de ce qu'une enceinte existait certainement autour de la Cité, faut-il en conclure, avec M. Dulaure, qu'aucune autre muraille ne protégeait les faubourgs? A cet égard le doute est au moins permis. Bonamy, Duplessis, Jaillot, ont établi savamment le contraire. Le témoignage le plus ancien dont le dernier de ces écrivains s'appuie, est un passage des gestes de Dagobert, par lequel ce prince donne à l'abbaye de Saint-Denis les revenus d'une *porte de Paris*, placée sur le chemin que remplace aujourd'hui la rue Saint-Martin, et à peu près vis à vis la rue Neuve-Saint-Merry. Cette porte était encore connue au XVe siècle sous le nom d'Archet Saint-Merry. Mais il faut convenir que si une enceinte renfermait les faubourgs de Paris sous la première race, elle devait être d'une construction peu solide, puisqu'on ne voit pas qu'elle ait apporté le moindre obstacle aux inondations fréquentes de la Seine, ni la moindre résistance aux attaques des Normands sous la seconde race.

Les témoignages deviennent plus explicites à mesure qu'ils se rapprochent davantage. Au VIIe siècle, Grégoire de Tours parle des portes de Paris. La ville était encore enfermée dans l'île de la Cité, mais cette enceinte devenait de jour en jour plus étroite. Bientôt Saint-Germain-l'Auxerrois, sur la rive droite de la Seine, et sur la rive gauche, la chapelle et l'hospice de Saint-Julien-le-Pauvre, les églises de Saint-Pierre et de Saint-Vincent, qui furent plus tard les abbayes de Sainte-Geneviève et de Saint-Germain-des-Prés, devinrent des centres d'habitations qui formèrent les faubourgs de Paris. Ces faubourgs, vers la fin du IXe siècle, furent envahis par les Normands, qui renversèrent la faible enceinte qui protégeait Paris sur les deux rives, détruisirent les habitations qu'elle renfermait jusqu'à la rivière, mais ne purent pénétrer dans la Cité, défendue par la seconde enceinte munie de tours ; ils ravagèrent le palais des Thermes et l'aquéduc de Chaillot.

Sans doute Paris ne fut point le centre du vaste empire de Charlemagne ; mais quoi qu'en ait dit M. Dulaure, la ville de Julien et de Clovis ne cessa jamais d'être la capitale de la France. C'est sous ce titre qu'elle est désignée par un historien du règne de Charles-le-Chauve ; et malgré les dédains de la dynastie austrasienne, malgré la ruine de ses faubourgs, Paris, au moment du grand siége des Normands, était regardé comme la ville la plus importante et le principal rempart de l'empire. Abbon dit formellement que de la conservation de Paris dépendait le salut de toute la France. Ce témoin oculaire des redoutables assauts que Paris eut alors à soutenir s'écrie avec emphase : « O Lutèce !.... tu te distingues entre toutes les villes par une position admirable !..... Une île se réjouit de te posséder. Le fleuve, de ses bras arrondis, embrasse et caresse tes murs ; ses eaux coulent sous des ponts qui à droite et à gauche ferment tes remparts. A leurs deux extrémités, tu vois des tours protectrices, soit du côté de la ville, soit au delà du fleuve. »

Les ponts construits en bois comme les maisons, étaient fortifiés par des tours également en bois, élevées à leurs extrémités et entourées de fossés.

Le pont septentrional n'était pas exactement sur l'emplacement du Pont-au-Change; il se trouvait plus à l'occident, presque vis à vis l'endroit où débouche aujourd'hui la rue du Harlay. Ce pont et le terrain sur lequel il aboutissait sur la rive droite de la Seine, appartenaient à l'évêque de Paris, ce qui fit donner à cette localité le nom de For l'Évêque (*Forum episcopi*) juridiction de l'évêque.

C'est à ce point que commençait la première ceinture de murailles qui ait environné Paris hors de la Cité; on en peut suivre la direction dans la courbure que décrivent encore aujourd'hui les rues de l'abreuvoir-Pepin, Perrin-Gasselin, d'Avignon, des Écrivains, Jean-Pain-Mollet et Jean-de-l'Épine. Durant le X⁰ siècle, cette ligne de défense prit un plus ample développement. Une vieille charte de 980 environ, désignant une certaine chapelle de Saint-Georges, bâtie dans la rue Saint-Denis à peu près sur l'emplacement actuel de la rue Saint-Magloire, nous apprend qu'elle était située *dans le faubourg, non loin des murailles.* On ne connaît que trois points principaux de cette deuxième fortification ; mais, par leur moyen, il est aisé de deviner la direction et le contour de l'enceinte toute entière. Une porte s'ouvrait derrière l'église de Saint-Gervais , à la jonction de la rue des Barres et la Place Baudoyer ; cette place s'appelait encore la *Porte Baudoyer* long-temps après que Philippe-Auguste eut agrandi l'enceinte septentrionale et reculé la porte de ce nom jusqu'à la place de Birague. Il existait une deuxième porte à l'extrémité septentrionale de la rue Bar-du-Bec, et une troisième à la jonction de la rue Saint-Martin et de la rue Saint-Merry. Un des côtés de cette dernière, connue sous le nom d'Archet-Saint-Merry, et dont nous avons déjà parlé , existait encore à la fin du XIV⁰ siècle. Il est fort probable que cette ligne de murailles se liait à des fortifications du même genre établies sur la rive gauche de la Seine. En 1292, il y avait encore dans la rue Saint-Victor, en avant des remparts construits par Philippe-Auguste, une vieille porte appelée *Porte de Versailles,* dont le nom est resté jusqu'à présent à une ruelle du quartier. Pour ne rien omettre des notions qui nous ont été conservées sur les fortifications de Paris avant le X III siècle, nous signalerons le Châtelet, bâti et reconstruit par Louis-le-Gros à l'entrée du Pont-au-Change, et même quelques autres points de l'ancien Paris, tels que la Porte-de-Paris, qui faisait partie du Grand-Châtelet, la rue des Vieilles-Garnisons et la tour du Pet-au-Diable, derrière l'Hôtel-de-Ville. Les noms de *porte, tours, garnisons,* ont fait croire à l'existence d'une enceinte de murailles intermédiaire, ou même antérieure aux deux enceintes que nous venons de signaler; mais les documents où ces noms apparaissent pour la première fois ne remontent guère au delà du XIVe siècle.

Quelle que soit l'obscurité qui couvre encore la date du développement et des fortifications de Paris hors de la Cité, il reste au moins prouvé que cette ville avait franchi les premières limites long-temps avant le XIIe siècle, et qu'elle était à cette époque en état de défense. Elle est signalée comme une place très-forte par le géographe arabe Édrisi, qui vivait à la cour de Sicile et qui terminait, au commencement de l'an 1154, la géographie dont M. Am. Jaubert a récemment publié une traduction.

Les bourgs qui existaient tout près de Paris s'étant étendus de proche en proche jusqu'à devenir contigus aux murs mêmes de la capitale, ne formaient avec cette dernière qu'une seule et même cité. Tels étaient le bourg de Saint-Germain à l'occident; au nord, le bourg l'Abbé; à l'orient, le bourg Tybout et le Beau Bourg. La continuité de ces mêmes bourgs rendait la première clôture de Paris inutile pour la défense de la ville; aussi devait-on l'avoir laissée dépérir peu à peu, et l'on peut croire qu'il n'en existait plus que des ruines, quand Philippe-Auguste entreprit de faire élever de nouveaux remparts. Ce prince, qui s'était toujours si activement occupé de l'embellissement de Paris, songea aussi, dès le commencement de son règne, à la sûreté de cette ville. En 1190, avant son départ pour la Terre-Sainte, « Philippe ordonna aux bourgeois de Paris, dit Rigord, de travailler sans délai à élever autour de leur ville une muraille garnie de tourelles et de portes; ouvrage, ajoute le chroniqueur, que nous avons vu s'élever en peu de temps. » Le Roi laissa la conduite des travaux pendant son absence aux échevins de la ville de Paris, qui levèrent sur les habitants les sommes nécessaires pour fournir à cette dépense. Les remparts sur la rive droite de la Seine furent terminés promptement, et l'on vit l'enceinte méridionale de Paris, entreprise en 1208, lorsque Philippe fut de retour de son voyage d'outre mer, achevée en 1210.

Voici la direction que suivait ce vaste contour de fortifications, d'après l'excellent travail de M. Géraud sur la statistique de Paris au temps de Philippe-le-Bel.

Sur le quai du Louvre, à l'endroit où débouche aujourd'hui le pont des Arts, était la première porte de la ville, la porte du Louvre, flanquée d'une grosse tour ronde, qu'on nommait la Tour de Bois ou encore la Tour qui fait le coin. Là commençait la ceinture de murailles qui environnait Paris au nord ; elle se dirigeait, en suivant une ligne courbe, à travers l'emplacement actuel de la cour du Louvre vers la rue St-Honoré (nommée alors rue de la Charonnerie), où elle venait aboutir, entre la rue du Coq et la rue de l'Oratoire, laissant hors de l'enceinte la rue du Coq et le château du Louvre. A l'endroit de la rue St-Honoré que nous venons d'indiquer, était la porte St-Honoré. De là, les murs, suivant une direction oblique entre la rue d'Orléans et la rue de Grenelle St-Honoré, arrivaient au coin de cette dernière rue, et se joignaient à la rue au Coquillier ou porte de Behaigne ouverte dans la rue Coquillière, au carrefour où se joignent les rues de Grenelle, Sartines et de Jean-Jacques Rousseau. L'enceinte se prolongeait ensuite entre la rue du Jour et celle de Jean-Jacques-Rousseau, parallèlement à ces deux rues, et débouchait à la porte Montmartre ou porte St-Eustache, qui s'élevait rue Montmartre, à peu près entre les n°s 15 et 32.

Ici les murailles, formant un angle, prenaient leur direction vers l'est, en longeant le côté septentrional de la rue Mauconseil, traversaient la rue Française, autrefois rue de Bourgogne, et allaient aboutir dans la rue Saint-Denis, en face l'impasse des Peintres. A ce point se trouvait une des principales portes de la ville qu'on appelait porte aux Peintres et porte Saint-Denys. Entre cette porte et la porte Montmartre, il en existait une autre, dans la rue Comtesse-d'Artois. Un rôle de la taille de Paris en 1313 lui donne deux noms : la porte Nicolas-Arrode et la porte au Comte-d'Artois.

De la rue Saint-Denis, la ligne des fortifications allait joindre la rue Saint-Martin, en longeant au nord la rue aux Ours qui restait ainsi dans l'intérieur de l'enceinte. On arrivait de l'extérieur dans le milieu de cette rue par une fausse porte appelée poterne Bourg-l'Abbé. La porte Saint-Martin, nommée aussi porte Saint-Merri, était à l'angle méridional formé par la rue Saint-Martin et la rue Grenier-Saint-Lazare. Cette dernière rue se trouvait hors des murs qui la bordaient au midi, en déviant un peu du parallélisme vers son extrémité orientale. Un peu au dessous du point où les rues Grenier-Saint-Lazare et Michel-le-Comte aboutissent dans la rue Beaubourg, se trouvait une fausse porte nommée la poterne Nicolas-Huidelon ou la poterne Huideron.

Parvenue à ce point, la clôture tournant un peu brusquement vers le sud-est traversait les rues Michel-le-Comte et Geoffroy-Langevin, et venait joindre la porte du Temple, ouverte dans la rue Sainte-Avoie, qu'on appelait alors rue du Temple, à l'angle méridional formé par cette rue et la rue de Braque. De cet endroit, les murs allaient aboutir dans la Vieille-Rue du Temple en embrassant l'église des Blancs-Manteaux et suivant l'emplacement qu'occupe aujourd'hui la rue de Paradis. La porte de la ville qui se trouvait dans la Vieille-rue-du-Temple, au coin de la rue des Francs-Bourgeois, se nommait la porte Barbette, à cause de la famille Barbette, qui avait près de là une maison nommée la Courtille-Barbette, dont le souvenir se conserve encore aujourd'hui dans le nom d'une rue moderne, ouverte à peu près sur la place que devait occuper cette maison. De la porte Barbette, les murs se dirigeaient à la porte Saint-Antoine, sur la place de Birague, en décrivant une ligne recourbée de manière à laisser dans l'intérieur de l'enceinte l'impasse Coquerelle et l'hôtel du roi de Sicile.

Enfin, de la porte Saint-Antoine, la clôture suivait une direction perpendiculaire à la Seine, et allait se terminer au milieu du quai Saint-Paul, où se trouvait la dernière porte du quartier d'Outre-Grand-Pont, nommée porte Barbette au Barbéel-sur-l'Yeau, et flanquée d'une grosse tour qu'on appelait la tour de Billi. Entre la porte Saint-Antoine et la porte Barbette étaient deux fausses portes ou poternes, l'une dans la rue des Prêtres-Saint-Paul, appelée primitivement porte Saint-Pôl, et plus tard, porte des Béguines et de l'Ave-Maria, l'autre dans la rue des Barrés, nommée poterne des Barrés.

L'enceinte de Philippe-Auguste recommençait sur la rive gauche de la Seine, entre le pont de la Tournelle et la rue des Fossés-Saint-Bernard. De ce point jusqu'à la tête du pont des Arts, à l'extrémité orientale du quai Malaquais, où se terminait la clôture, sa direction est facile à suivre, même sur un plan moderne, puisqu'elle s'est conservée jusqu'à la fin du XVIIe siècle, et que toutes les rues qui la bordaient à l'extérieur, ont gardé, à l'exception d'une seule, le nom de *rue des Fossés.* Ce sont les rues des Fossés-Saint-Bernard, Saint-Victor, Saint-Jacques, Monsieur-le-Prince et Saint-Germain-des-Prés. La rue Mazarine, qui continuait la ligne des fossés jusqu'à la rivière, s'appelait aussi anciennement rue des Fossés.

Ces noms ne doivent cependant pas leur origine aux fortifications construites par Philippe-Auguste. Rigord, Guillaume-le-Breton, les Chroniques de Saint-Denis, Guillaume de Nangis, nous apprennent que ce monarque fit élever autour de Paris des murailles flanquées de tourelles, qu'il les fit percer de plusieurs portes, mais aucun ne dit qu'il ait fait creuser des fossés autour de ces murailles, soit sur la rive gauche, soit sur la rive droite de la Seine. Ce fut seulement sous le règne du roi Jean, en 1355, qu'on recula, au nord, les limites de l'enceinte de Paris, et qu'on la fortifia par un fossé et un arrière-fossé. Le circuit de murailles du côté du midi parut assez étendu pour qu'on n'eût pas besoin de l'agrandir davantage ; mais l'on jugea indispensable de creuser des fossés tout à l'entour; lorsque les guerres désastreuses qui, pendant les XIVe et XVe siècles, ensanglantèrent le sol de la France, furent enfin terminées, et que la sécurité commença à se rétablir, on laissa peu à peu combler les fossés ; des maisons s'élevèrent sur leurs bords, et c'est ainsi que se formèrent les rues que nous avons nommées plus haut. Mais quoiqu'elles soient bien postérieures à la construction de l'enceinte de Philippe-Auguste, leur direction n'en est pas moins propre à nous faire reconnaître avec précision celle de cette enceinte elle-même, puisqu'elle subsistait encore dans son entier lorsque ces rues ont été bâties.

Des deux côtés de la rivière, les principales portes furent toutes fortifiées. Les murs, dont on ignore l'épaisseur et l'élévation, étaient surmontés d'un parapet de trois pieds de haut, garni de créneaux et flanqués de distance en distance de grosses tours rondes dont les plus fortes étaient aux extrémités de deux enceintes sur le bord de la Seine.

Nous allons maintenant chercher à reconnaître, parmi toutes les portes qui ont existé à diverses épo-ques sur la rive gauche de la Seine, celles dont la

2

construction remontait au règne de Philippe-Auguste. Dans une évaluation des frais qu'avaient entrainés les travaux de l'enceinte exécutée par les ordres de ce monarque sur la rive gauche de la Seine, il n'est fait mention que de six portes. Le rôle de la *Taille de Paris* en 1292 indique également six portes dans la partie méridionale des murs de Paris. La porte Saint-Victor était dans la rue du même nom, entre la rue d'Arras et la rue des Fossés-Saint-Victor. La porte Saint-Marcel s'ouvrait à l'extrémité méridionale de la rue Descartes actuelle. La porte Sainte-Geneviève donnait entrée dans la rue des Sept-Voies, qui alors se prolongeait à travers le terrain occupé aujourd'hui par le Panthéon, jusqu'à la place de la Vieille-Estrapade. La porte Saint-Jacques se trouvait dans la rue du même nom, au coin de la rue Saint-Hyacinthe. La porte Gibert ou Gibart, qu'on a aussi appelée porte d'Enfer, porte Saint-Michel, était au coin de la rue de la Harpe et de la place Saint-Michel. Enfin la porte Saint-Germain était située dans la rue Saint-André-des-Arts, qu'on appelait primitivement la Grande-Rue-Saint-Germain. L'un des côtés de cette porte touchait au coin de la rue Contrescarpe, dont les murs de la ville occupaient l'emplacement.

Dans le nombre des portes qui furent regardées comme principales dès le temps de la fondation de l'enceinte, M. Dulaure compte à tort la porte de Bussi et la porte Saint-Germain, car ces deux noms ne furent appliqués, dans le sens de M. Dulaure, que vers la fin du XVe siècle, c'est-à-dire, 275 ans environ après l'achèvement de l'enceinte de Philippe-Auguste.

Outre les six portes dont nous venons de parler, il en existait encore quatre autres dont trois au moins remontaient à l'époque de la construction de l'enceinte méridionale. L'état des frais de construction déjà cité contient seulement l'indication des portes principales, entre lesquelles on avait pratiqué quelques poternes ou fausses portes. Ces ouvertures accessoires n'avaient pas demandé un grand surcroît de dépenses, probablement parce qu'elles n'étaient pas, comme les grandes portes, défendues par des ouvrages de fortification.

Parmi les quatre poternes ou fausses portes qui s'ouvraient dans l'enceinte méridionale de Paris, il en existait une, en 1292, à l'extrémité méridionale de la rue Clopin, nommée *la fausse porte de Saint-Marcel*. Il est probable qu'elle remontait à l'époque de la construction des murailles ; aucune autorité ne vient à l'appui de cette opinion. On ne sait sur quel fondement Jaillot a pu avancer que la fausse porte Saint-Marcel était située à l'une des extrémités de la rue des Hauts-Fossés-Saint-Marcel, car rien ne peut faire conjecturer que l'enceinte de Paris se soit jamais étendue, au midi, au delà des limites que lui avait assignées Philippe-Auguste, ni que le bourg de Saint-Marcel ait jamais été circonscrit dans une enceinte particulière dont la fausse porte en question aurait fait partie.

Dans la rue de l'École-de-Médecine, vis à vis la fontaine qui se trouve à l'angle de cette rue et de la rue du Paon, on voyait, dès l'an 1254, une poterne appelée la *Porte des Frères-Mineurs* ou des Cordeliers. Cette porte est désignée dans un acte de l'an 1254, par lequel un certain Thomas de Mauléon vend à Raoul d'Aubusson une terre contiguë aux maisons qui touchaient à la porte de Paris nommée *des Frères-Mineurs*.

Dans un terrier de Saint-Germain-des-Prés, de l'an 1285, on trouve la mention d'une maison appartenant à l'évêque Léon, située dans la rue Saint-Germain-des-Prés (aujourd'hui Saint-André-des-Arts), « qui fu anciennement (la maison) à mestre « Symon de Bussy, chevalier, tenant d'une part à la

« porte des murs de la ville de Paris, dite *la vieille*
« *porte Saint-Germain*, une allée entre deux. » Dans
un autre article, la même porte est nommée la vieille
porte Saint-Germain, dite *de Bussy*. Plus loin on lit :
« L'Hôtel de l'arcevesque de Rouen , joignant la
« porte de Saint-Germain *par où l'on passe de pré-*
« *sent*, une ruelle entre deux. » Et encore : « La
« porte de Saint-Germain, *par où l'on passe de pré-*
« *sent*, jadis appelée *la porte des Cordeliers*. »

C'est donc à peu près vers la fin du XVe siècle
que la porte de Saint-Germain, située dans la rue
Saint-André-des-Arts, commença à recevoir le nom
de Porte de Bussy , à cause de la maison de Simon
de Bussy, qui était près de cette même porte. Vers
le même temps, la poterne des Cordeliers avait été
probablement agrandie ou reconstruite (car ces mots
par où l'on passe de présent, annoncent qu'elle devait
avoir été interceptée pendant quelques temps), et
l'on avait transporté à cette poterne le nom de porte
Saint-Germain, qui servait primitivement à désigner
la grande porte située dans la rue Saint-André-des-
Arts.

Aux deux bouts de l'enceinte méridionale, sur
les bords de la Seine, il y avait deux tours, plus
plus grosses que les autres ; l'une, si connue depuis.

sous le nom de tour de Nesle, porta, dès le moment de sa fondation, le nom de tour *Philippe-Hamelin*. Elle est ainsi désignée dans une sentence arbitrale de l'an 1210. Cette tour correspondait à la tour de Bois, élevée au côté méridional de la porte du Louvre.

L'autre tour, simplement nommée la Tournelle, se trouvait entre le pont qui a conservé ce nom et l'endroit où débouche sur le quai la rue des Fossés-Saint-Bernard; elle correspondait à la tour de Billi, construite à côté de la porte Barbelle, et à une autre tour intermédiaire, élevée dans l'île de Notre-Dame (aujourd'hui l'île Saint-Louis). Pour continuer en quelque sorte la clôture, que le cours de la rivière interrompait en deux endroits, on avait tendu de grosses chaînes, qui joignaient d'un côté la tour de Bois à la tour de Philippe-Hamelin; de l'autre côté la tour de Billi à la Tournelle, en se rattachant aux fortifications intermédiaires élevées dans l'île Saint-Louis, sur le bord du grand fossé qui coupait cette île en deux parties. Les chaînes étaient portées par des bâteaux liés à de gros pieux, et cet ensemble formait deux ponts qui traversaient la rivière, et complétaient de cette manière la ligne des fortifications.

Jaillot assure que la porte Saint-Bernard, à laquelle touchait la Tournelle, était une des portes de l'enceinte de Philippe-Auguste. Il est probable qu'il existait une autre porte correspondante à l'autre bout de l'enceinte méridionale, à côté de la tour de Philippe-Hamelin. Cette porte changea de nom plus tard, en même temps que la tour sur laquelle elle s'appuyait. On l'appella porte et tour de Nesle, elle occupait l'emplacement où est actuellement le pavillon de la bibliothèque Mazarine. On y arrivait par un pont de quatre arches. Cette espèce de bastille fut restaurée sous le règne de Henri IV. Elle existait encore au temps de Louis XIII. Mais, comme nous l'avons dit, il faut que, dans le principe, ces deux portes n'aient été considérées que comme de simples poternes, puisque le devis de l'enceinte méridionale de Paris ne fait mention que de six portes, dont nous avons donné plus haut le nom et la position.

Sauval nous apprend que chacune des portes de l'enceinte de Philippe-Auguste était flanquée de deux tours et ornée d'une statue de la Vierge. François 1er les fit abattre, et par une déclaration royale du mois d'avril 1533, ordonna que les images de la Vierge qui leur servaient d'ornement « fussent conservées et dressées auprès dans les endroits les plus remarquables. » Corrozet assure avoir vu de ces statues en 1581. Sauval ajoute qu'il a vu celle de la porte aux Peintres ; elle était élevée sur un piédestal contre une maison de la rue Saint-Denis , qui faisait le coin d'un cul-de-sac appelé la porte aux Peintres (aujourd'hui l'impasse des Peintres). Le propriétaire de cette maison fit poser cette figure sur un nouveau piédestal, la fit peindre et couronner d'un dais , avec cette inscription en lettres d'or au bas : *Cette image était sur l'ancienne porte qui fut abattue en* 1535 , *et a été mise ici pour servir de mémoire.* Elle était de pierre, plus grande que nature et passait pour assez bien faite. Une autre statue de la Vierge, du même style, était placée aussi, du temps de Sauval, au portail des Prêtres-de-l'Oratoire ; suivant l'opinion commune, c'était la même qui surmontait l'ancienne porte Saint-Honoré, détruite en 1532.

A juger de l'enceinte septentrionale par celle du midi, dont il reste un devis détaillé dans les registres de la chambre des Comptes , elles avaient ensemble un développement d'environ 3,000 toises. Leur construction totale dura 20 années, et les frais de main-d'œuvre, levés sur le peuple de Paris, s'é-

levèrent à 15,630 livres ; ce qui vaudrait aujour-
d'hui plus de deux millions.

Quoique Philippe-Auguste eût enfermé dans la
nouvelle clôture beaucoup de terrains non bâtis, la
population de Paris ne tarda pas à déborder les murailles, surtout au nord, où les espaces vides, trop
peu nombreux dans le principe, avaient été promptement remplis. Ainsi se formèrent peu à peu, hors
des nouveaux remparts, les bourgs de Saint-Paul,
du Temple, de Saint-Martin, de Villeneuve. Tant
qu'aucun danger sérieux ne menaça la capitale, on
ne songea point à contrarier ce mouvement excen-
trique de la population. Mais, en 1356, après les fu-
nestes journées de Crécy et de Poitiers, alors que le
roi Jean était prisonnier de guerre, que toutes les
provinces étaient ouvertes aux Anglais, qui s'avan-
çaient sur la grande ville en mettant tout à feu et
à sang, qu'enfin la guerre civile, éclatant au milieu
de la détresse nationale, étendait ses ravages jusqu'aux faubourgs de Paris, on se hâta de mettre la
ville en état de défense. Le prévôt des marchands,
Étienne Marcel, par ordre du Dauphin, fit réparer
les fortifications, agrandit considérablement l'enceinte du côté du nord, et y renferma tous les édi-
fices extérieurs, en ayant soin de faire démolir ceux

qui pouvaient servir de retraite aux ennemis. Les nouveaux remparts furent commencés le 18 octobre 1356. « Si mit ouvriers en œuvres, dit Froissart, quant qu'il en put avoir et recouvrer de « toutes parts, et fit faire grands fossés autour de « Paris, et puis sangler (palissader) murs et portes; « et y ovrait-on nuit et jour. Et y eut le terme d'un « an, tous les jours trois mille ouvriers. » Ces travaux peuvent être considérés comme formant une quatrième enceinte de Paris.

La partie méridionale de la ville fut seulement fortifiée, Marcel fit relever les murailles, les flanqua de tours, et eut soin que les fossés des remparts fussent profondément creusés. Mais l'enceinte reçut un grand accroissement dans la partie septentrionale. De l'ancienne porte Barbelle, située sur la rive droite de la Seine, à l'extrémité orientale du quai des Ormes, partait une muraille fortifiée de tours, qui remontait sur le bord de cette rivière, jusqu'au point où le fossé actuel de l'Arsenal y débouche. A l'angle formé par ce fossé et par le cours de la Seine, était la *tour de Billy*.

Nous avons dit que près de la porte Barbelle-sur-l'Eau, était une grosse tour appelée aussi *tour de Billy*, qui se joignait à la Tournelle au moyen de chaînes de fer. Il est probable que ces deux tours de Billy n'ont point existé simultanément, et l'on peut supposer que lors de l'agrandissement de l'enceinte de ce côté, la tour de Billy, voisine de la porte Barbelle, fut démolie, et qu'on donna le même nom à celle qui fut construite plus loin, sur le même rivage de la Seine.

La muraille prenait ensuite la direction du fossé jusqu'à la rue Saint-Antoine, où fut construite une porte fortifiée qui devint, quelques années plus tard, la Bastille; puis, laissant le boulevard actuel en dehors, elle allait à peu près dans la direction de la rue Jean-Beausire jusqu'à la rue du Temple, où fut construite une porte connue sous le nom de *Bastille du Temple*. De là elle se continuait parallèlement à la rue Meslay jusqu'à la rue Saint-Martin, où s'élevait une *porte Saint-Martin;* puis elle suivait la ligne de la rue Sainte-Apolline jusqu'à la rue Saint-Denis. Là était une porte fortifiée nommée *Bastille de Saint-Denis*. De cette bastille, le mur d'enceinte prenait la direction de la rue Bourbon-Villeneuve, puis celle de la rue Neuve-Saint-Eustache. A l'endroit où cette rue aboutit à la rue Montmartre, était une porte fortifiée nommée *porte Montmartre*. Le mur d'enceinte suivait, à partir de cette porte, la ligne de la rue des

Fossés-Montmartre, de sorte que le mur était précisément à la place des façades des maisons qui bordent cette rue, laquelle occupe aujourd'hui la place du fossé. Ce fossé, se prolongeant en ligne droite, traversait la place des Victoires, coupait l'emplacement de l'Hôtel de Toulouse, où est aujourd'hui la Banque de France, celui de la rue des Bons-Enfants et de Valois, et pénétrait dans le jardin du Palais-Royal, vers le milieu de sa longueur; la ligne du mur continuait à travers ce jardin et à travers la rue de Richelieu, jusqu'à l'endroit où vient aboutir la petite rue du Rempart, et suivait sa direction jusqu'au point où cette petite rue aboutit dans la rue Saint-Honoré; là, sur cette dernière rue se trouvait la *porte St-Honoré*. Enfin, de la porte Saint-Honoré, le mur, se prolongeant sur l'emplacement de la rue Saint-Nicaise, allait jusqu'à la *tour de Bois*, ou Porte Neuve, au bord de la Seine.

Cette nouvelle enceinte fortifiait Paris et renfermait l'église de Saint-Paul, le monastère du Petit-Saint-Antoine, celui de Sainte-Catherine du Val-des-Écoliers, les bourgs de Saint-Paul, du Temple, de Saint-Martin, une grande partie du village de Villeneuve, qui fut détruit en 1593, et dont la rue Bourbon-Villeneuve conserve le nom et la position, puis l'église de Saint-Sauveur, celle de Saint-Honoré, le bâtiment des Quinze-Vingts, les églises de Saint-Thomas et de Saint-Nicolas-du-Louvre, et enfin le château du Louvre.

On trouve dans Sauval des détails fort curieux sur les travaux de cette enceinte. Nous en citerons quelques passages. « Le continuateur de Nangis, dit-il, qui y vit travailler, assure que du temps de Marcel on ne fit que des fossés et des arrière-fossés avec de petits murs entre deux, qui furent garnis de quelques portes, tours et bastilles, munis d'hommes, d'arbalètes, de traits, et de toutes les autres machines de guerre de ce temps-là, et que les fortifications n'étaient point encore finies en 1367.... En 1356, on commença à creuser des fossés tout autour de la ville et de l'Université (quartier Latin), et pour fournir aux frais, il fut mis un impôt sur le vin, la bière et sur les autres breuvages, tant de la ville que des faubourgs ; et quoiqu'alors on n'y travaillât que par l'ordre du prévôt des marchands, à la vérité en apparence avec le consentement du Dauphin, les bourgeois avec tout cela qui furent chargés du soin et de la conduite de l'ouvrage, voulurent être déchargés de la récepte de l'argent qui se levait et du paiement, ce qui fut fait quant à la récepte et à la mise ; mais quant à l'ouvrage, ils en furent toujours les conducteurs et les ordonnateurs...... Je n'aurais jamais fait si je voulais particulariser les noms de tous les bourgeois et des comptables qui y furent employés. Il suffira de dire que de tous les comptes que j'ai vus là-dessus à la chambre, soit pour continuer et achever les fossés, on s'en rapporta toujours à dix-huit bourgeois et à trois comptables ; et de plus, que chaque bourgeois, pour ses vacations, n'avait par jour que 5 sols parisis.

« Quoique cette clôture soit bien depuis les deux premières et qu'il en reste encore beaucoup de choses.... elle a été si souvent remuée et on y a cousu tant de pièces à diverses fois, s'il faut ainsi dire, que ce n'est pas une petite affaire de donner à connaître tout ce détail. Ce n'est pas que je n'aie lu dans un registre de la chambre des Comptes des années 1366 et 1368 une partie de la route des fossés qu'on commença en 1356 avec la quantité de toises que l'on comptait dans toute leur circonférence ; bien plus d'un toisé fort exact fait quelque cent ans depuis, j'en ai appris toutes les circonstances et les dimensions, tant en général qu'en particulier. Quant au registre, il rapporte que ces fossés avaient 1162 toises, et leurs arrière-fossés 2506 et demies... que ces arrière-fossés portaïent 30 pieds d'ouverture sur 15 de profondeur, que chaque toise coûtait 4 livres parisis, et que pour les creuser on avait déboursé 10,026 livres parisis; ce qui sans doute pourrait faire juger de toute la dépense qu'on fit alors pour le travail des fossés....... » Outre ceci, nous apprenons de quelques autres registres de la chambre des Comptes, qu'encore bien que l'île Notre-Dame fût presque couverte de fossés, et si bien défendue de ses enceintes, tant de la ville que de l'Université, néanmoins, ne la croyant pas tout à fait en sûreté, on l'environna encore de fossés revêtus de gazon. Une chose ici à remarquer en passant est que, quoiqu'on commençât à y travailler en 1358, dès le 8 avril, et que, sans discontinuer, les ouvriers fussent toujours après, ils ne l'achevèrent qu'en 1360, et encore sur la fin. Cependant la dépense ne monta qu'à 130,016 livres 2 sols 9 deniers parisis, ce qui est bien peu de chose pour une si grande et si longue entreprise. Aussi les maçons ne gagnaient-ils alors que 4 et 5 sols par jour, les porteurs 2 sols, les manœuvres 3 sols, les pionniers 5 sols; la toise de maçonnerie ne coûtait que 8 sols de façon, et celle du pavé fait sur les murs et les terrasses des portes que 9 sols; etc.

Dans l'Université, on ne recula pas les fossés si loin que du côté de la ville ; ils furent creusés au pied des anciennes murailles, bâties par Philippe-Auguste. Pour lors il n'y avait que quatre faubourgs en ce quartier là : celui de Saint-Germain, ceux de Notre-Dame-des-Champs, de Saint-Marceau et de Saint-Victor ; de plus, si éloignés de la ville, si petits et de si peu d'importance, qu'on les y laissa sans y faire de fossés. De crainte pourtant que les ennemis ne s'en saisissent et ne s'y fortifiassent, le lendemain de Pâques, en 1360, on commença à jeter tout par terre, et après le feu y fut mis.

Marcel fit fermer en même temps les portes Saint-Germain, d'Enfer et de Saint-Victor ; il ordonna la construction de 750 guérites en bois qui furent attachées aux créneaux des murailles par d'énormes crochets de fer, et l'on dit même qu'outre les balistes et autres machines de guerre en usage à cette époque, on vit pour la première fois, sur les remparts de Paris, quelques pièces de canon. Enfin l'île Notre-Dame, nommée alors l'île Saint-Louis, fut aussi fortifiée, par un fossé revêtu de gazon. Encore inhabitée, cette île fut coupée en deux par un petit bras de la Seine qui suivait à peu près la direction de la rue Poulletier. On construisit sur ce petit canal, une grosse tour qu'on appelait *Tour Loriaux*, à laquelle on fixa deux grosses chaînes qui, rattachées d'un côté à la tour de Billy et de l'autre à la Tournelle, interceptèrent entièrement le cours de la rivière.

Quant à l'enceinte méridionale, dont l'étendue était encore suffisante, on se contenta d'en réparer les murs et les tours, et, comme nous l'avons dit, de l'environner de fossés dans lesquels on introduisait l'eau de la Seine par le moyen d'une saignée pratiquée au delà de la tour de Nesle. Le rempart septentrional était également environné d'un fossé dans lequel l'eau de la Seine entrait vis à vis l'île Louviers. Ce petit canal faisait le tour de l'enceinte et se déchargeait continuellement dans le fleuve, au dessus de la tour de Bois.

Par ordre et avec le secours de Charles V, Hugues Aubriot, prévôt des marchands, refit entièrement les remparts de Marcel, élevés trop à la hâte, acheva les fossés de la partie méridionale, fortifia plusieurs portes, rebâtit sur un plan plus vaste le Petit-Châtelet, à l'entrée du Petit-Pont, et construisit enfin le fort de la Bastille. Pour achever de mettre Paris en état de défense, il fut ordonné à Michaud, abbé de Saint-Germain-des-Prés, d'entourer

son abbaye d'épaisses murailles et de fossés pro-
fonds. Toutes ces fortifications, entreprises en 1365,
ne furent terminées que sous Charles VI, en 1383.

Sous le règne de François Ier, tandis que le cour-
tisan Bonnivet se faisait battre en Italie, les coalisés
attaquaient les frontières dégarnies de la France, et
pénétraient dans l'intérieur du royaume. Les ennemis arrivèrent jusqu'au bord de l'Oise, à sept lieues
de Paris, et y jetèrent l'épouvante. François Ier, qui
était alors à Lyon, envoya aussitôt le sire de Brion,
et son lieutenant-général le duc de Vendôme, relever le courage des Parisiens, et les exciter à faire
une bonne résistance. M. de Brion se rendit au Parlement et à l'Hôtel-de-Ville, et exposa les mesures
prises par le roi pour la défense de la ville; il ajouta
que le roi avait tant de considération pour la ville
de Paris, qu'il se perdrait plutôt lui-même que de
la laisser perdre, qu'il voulait exposer sa vie pour sa
défense, et vivre et mourir avec ceux de cette ville;
que s'il n'y pouvait venir en personne, il y enver-
rait femme, enfants et mère, et tout ce qu'il avait,
persuadé que, quand il aurait perdu le reste du
royaume, il viendrait bien à bout de recouvrer ses
pertes, s'il pouvait conserver Paris seul. Le président Thibault Baillet parla fort avantageusement

de la fidélité des Parisiens pour leurs princes, et en donna des preuves dans le récit qu'il fit de la minorité de saint Louis et du règne de Louis XI. Aussitôt le duc de Vendôme fit exécuter quelques travaux aux fortifications. On commença de nouvelles tranchées entre la porte Saint-Honoré et celle de Saint-Martin; mais elle ne furent pas continuées; on éleva à leur place de petits bastions. Les Parisiens levèrent à leurs frais, pour un mois, deux mille hommes de guerre, qui furent soldés au moyen d'une taxe de 16,000 livres par quartier. Les ennemis furent repoussés sur tous les points.

La nouvelle de la prise de Milan, par François Ier, avait rassuré les esprits, lorsqu'on apprit tout à coup la perte de la bataille de Pavie (24 février 1525) et la nouvelle de la captivité du roi. Le Parlement voulut alors prendre toutes les mesures que réclamaient les circonstances. On rétablit les ponts de Charenton, de Saint-Maur et de Saint-Cloud, qui avaient été abattus dans les guerres précédentes. Jean Briçonnet, président à la Chambre des Comptes, demanda la démolition des diverses voiries voisines de la ville, plusieurs de ces voiries pouvant servir de retranchement aux ennemis. L'archevêque d'Aix appuya cette proposition, que dans la dernière alarme causée par les Anglais, on avait visité les voiries et trouvé que c'étaient autant de châteaux et de forteresses contre la ville; sur quoi la démolition des voiries fut résolue.

Jean Teste, maître des comptes, ajouta que se trouvant, vers la même époque, avec le sire de Bayard qui allait à Saint-Denis, il lui entendit dire qu'il fallait absolument raser ces voiries, et qu'il ne savait à quoi pensaient les Français, de ne pas fortifier Saint-Denis, qui, situé dans un lieu marécageux et facile à défendre, mettait Paris à couvert depuis la porte Saint-Honoré jusqu'à la porte Saint-Antoine. Nous suivons, pour tous ces détails, l'excellente *Histoire de Paris* de M. de Gaulle.

En 1523, François 1er avait fait élever de petits bastions pour l'artillerie; on continua ces travaux, et l'on creusa du côté du nord un grand fossé qui remplaça le double fossé placé en quelques endroits de l'enceinte. L'invasion par l'armée impériale jeta une si grande terreur dans Paris, que le gouverneur, cardinal du Belloy, « fit faire aussitôt, dit Sauval, outre plusieurs tranchées, des fossés et des boulevards, depuis la porte Saint-Honoré jusqu'à la porte Saint-Antoine, et afin que ce travail allât vite, les officiers de la ville s'étant assemblés, le 29 juillet, défendirent à tous les artisans l'exercice de leur métier deux mois durant, avec ordre aux seize quarteniers de lever seize mille manœuvres, et de plus à ceux des faubourgs d'en fournir une fois autant, sinon que leurs maisons seraient rasées. Le 31, on se mit à travailler au bout des faubourgs de Saint-Honoré; mais ce travail fut ensuite abandonné.

» La continuation de la guerre entre la France et l'Empereur, sous Henri II, et l'invasion de la Picardie en 1551, obligèrent les Parisiens à fortifier leur ville, surtout du côté des portes Saint-Denis et Saint-Martin; un bastion fut élevé près de la porte Saint-Antoine. La ville confia la direction de ces constructions à Baptiste, son architecte. L'année suivante, Henri II ordonna une levée de douze cent mille livres par an sur les généralités et sur tout Paris, sans en excepter ni couvents, ni églises, jusqu'à vouloir y être compris lui-même le premier. En 1553, ajoute Sauval, il fit commencer cette longue courtine flanquée de bastions, et bordée de fossés larges et à fond de cuve, qui règne depuis la rivière jusqu'au dessus de la Bastille. On y mit la première pierre le 11 août; toutes les maisons furent taxées depuis quatre livres tournois jusqu'à vingt-quatre. » Henri II eut aussi le projet d'entoufer de fortifications tous les faubourgs de l'Université ; mais cette grande entreprise ne fut pas mise à exécution.

Pendant le siège de Paris, par le prince de Condé, en 1462, « le 4 mars, François de Montmorency, maréchal de France et gouverneur de Paris, se transporta à la Ville-Neuve (la rue Bourbon-Villeneuve et les environs), hors de la porte Saint-Denis, où se rendirent par son ordre le prévôt des marchands, et Saint-Germe, ingénieur du roi. Là, ayant remarqué plusieurs endroits qui avaient grand besoin d'être fortifiés et enfermés de murailles, Saint-Germe eut ordre de faire le dessin de cette nouvelle clôture. » Elle fut nommée les *Fossés-Jaunes* à cause de la couleur des terres, et elle fut achevée sous le règne de Louis XIII.

En 1556, on commença à étendre l'enceinte de Paris du côté de l'ouest, et on y comprit le jardin des Tuileries. Cette partie d'enceinte, dont Charles IX posa la première pierre, fut nommée *boulevard des Tuileries*. On ferma l'extrémité occidentale du jardin par un large bastion ; mais en même temps l'ancienne enceinte, qui se trouvait entre le Louvre et les Tuileries, fut conservée.

L'enceinte de Paris, exécutée par ordre de Char-

les V, n'avait encore subi aucune modification, lors-
-que Paris, après un siège de quatre ans, ouvrit ses
portes à Henri IV, en 1594. Ce monarque y fit peu
de changements. La porte *Dauphine* fut construite
par son ordre vers 1607. Elle était située vis à vis la
rue Contrescarpe à l'endroit de la maison qui porte
aujourd hui le n. 50. On voit sur le rez-de-chaussée
de la façade une inscription sur marbre noir qui indique la place où était cette porte qui subsista jusqu'en 1676. Il résolut aussi d'enfermer dans les
murs le château et les jardins des Tuileries et les
nouvelles habitations établies sur la Butte-des-Mou-
lins et autour du couvent des Petits-Pères. Mais ce
développement de l'ancienne enceinte, dont le plan
fut tracé sous son règne, ne fut exécuté qu'en 1632
par son successeur Louis XIII.

L'enceinte méridionale restée stationnaire depuis sa
fondation au XIIIe siècle, avait été débordée par suite
de l'accroissement de la population, et se trouvait
sous Henri IV enfouie et comme perdue parmi les
maisons du quartier Latin. En 1646, on fit rendre
à Louis XIV, encore enfant, un édit par lequel il
abandonnait à la ville de Paris les murs, les tours
et les fossés de l'enceinte, pour y ouvrir des rues et
y bâtir des maisons. Cependant on ne se livra à ces

travaux que du côté de l'Université. Les guerres de Flandre et de Picardie nécessitèrent pendant quelque temps la conservation des remparts du Nord. Louis XIV avait conçu le projet d'une nouvelle enceinte; de 1670 à 1684, il fit construire un rempart qui s'étendait depuis la Bastille jusqu'à la Madeleine, et les fossés qu'on creusa par son ordre en divers endroits, montrent que cette ligne de murailles devait dans le principe être une forification. Mais, trop peu reculée vers le Nord pour parer à l'inconvénient qui résultait de l'accroissement successif des faubourgs, elle fut bientôt négligée. Elle n'atteignit que les proportions d'un simple parapet et borda la grande allée des boulevards plantée sous le règne du même roi.

Mais cette belle promenade, si rapprochée de la ville, devint fatale aux fortifications; les fossés furent comblés, les murailles et les tours démolies partout où elles nuisirent aux constructions nouvelles. Les portes Saint-Denis et Saint-Martin, élevées de l'autre côté du boulévard, semblaient encore restreindre la ville dans les limites du rempart ordonné par Louis XIV; mais on y vit bientôt se former une ligne d'habitations, auxquelles vinrent se lier insensiblement les maisons des faubourgs d'abord plus éloignées. A la fin du XVIIe siècle, la surface de Paris, qu'il aurait fallu environner de murs, si l'on eût voulu fortifier la ville, avait déja pris un très-vaste développement. Les ouvrages avancés qu'il aurait fallu faire pour assurer l'effet de nouvelles fortifications, en auraient presque doublé les frais, et c'était une considération importante dans un temps où le trésor public était presque épuisé. Enfin, grâce à l'infatigable activité de Vauban, une formidable ceinture de forteresses embrassait depuis peu tous les points exposés de la frontière française. Louis XIV, se confiant dans cette superbe ligne de défense, la regarda comme une garantie suffisante pour la sûreté de la capitale et du pays, et ne pensa plus à fortifier Paris.

Cependant Louis XIV faillit perdre toutes ses conquêtes, et ce fut alors que Vauban lui adressa un mémoire sur la nécessité de fortifier Paris. Mais Louis XIV dans son malheur, conservait une espérance fondée sur sa confiance dans le peuple de Paris. « Si vous perdez la bataille, mandait-il à Villars, écrivez-le à moi seul, je passerai par Paris, *je les connais*, et je vous amènerai 100,000 hommes. » Napoléon ne put passer par Paris, il perdit son empire.

Les successeurs de Louis XIV ne songèrent pas à fortifier la capitale.

Ainsi, depuis le milieu du XVIIe siècle, Paris est une ville ouverte; car on ne peut considérer comme fortification la clôture actuelle. En 1782, les fermiers-généraux proposèrent à Louis XVI d'enfermer les faubourgs dans un nouveau mur d'enceinte, en faisant percer des ouvertures exclusivement destinées à l'introduction des marchandises nécessaires à la consommation des habitants de la capitale; ce projet si avantageux pour le fisc fut bientôt adopté. L'architecte Ledoux, sous la direction de la ferme-générale, obligée de fournir à toutes les dépenses, fut chargé de ces immenses travaux qui durèrent de 1784 à 1789. Ce mur d'enceinte, qui fait encore aujourd'hui la clôture de Paris, a sept lieues de tour. On y avait pratiqué soixante barrières, dont cinq ont été murées; il en reste maintenant cinquante-cinq.

En 1814, les citoyens de Paris essayèrent de se retrancher derrière cette simple clôture, et comme l'a fait observer judicieusement le *Messager* dans un article sur les fortifications de Paris, la manière dont ils défendirent leurs faibles barrières est une preuve de ce qu'ils auraient pu faire si des postes avancés et de bonnes murailles avaient protégé leurs courageux efforts. Du reste, les nombreux témoignages de l'histoire sont aussi honorables pour la population parisienne que favorables au projet des nouvelles fortifications, et il ne serait pas sans intérêt de rappeler plus longuement toutes les occasions où la capitale fut protégée par ses remparts, soit contre la domination extérieure, soit contre les fureurs des guerres civiles.

Les faits que nous venons de rapporter simplement dans l'ordre chronologique, dictent la réponse à la question que nous nous sommes posée de bonne foi, oui Paris doit être fortifié : parce qu'il renferme les plus chers et les plus précieux intérêts du pays, parce qu'il représente et résume la France ; parce que maître de Paris, l'ennemi est maître du royaume. Paris sans défense compromet la sûreté du pays tout entier ; Paris fortifié sera, avec sa garde nationale et l'énergie de son immense population, le rempart de la France. Puisque les traités de 1815 ont fait de Paris une ville frontière, nous fortifierons Paris. D'ailleurs le traité de Londres nous a appris que nous ne devions compter que sur nous. Nous prenons nos précautions, nous ne voulons pas être surpris par la guerre avec une frontière ouverte, une capitale que la prévoyance hostile de l'Europe a placée à 70 lieues de la première garnison prussienne, et que le sort d'une bataille pourrait faire tomber entre les mains de l'ennemi. Quand Paris sera fortifié, on peut croire que les alliés seront peu tentés de venir le regarder de trop près. Assiéger Paris, ce serait une bien grosse affaire même pour la quadruple coalition de Londres.

En 1814, après nos grands revers, après nos désastres inouis, les alliés ont tenu conseil et hésité douze jours devant nos places remplies de blessés et dévorées par le typhus et la misère. Si Paris eût tenu trois jours, il est probable qu'ils se fussent repentis de la manœuvre de grande invasion emportée au Conseil par la fougue de Blücher : et si Paris eût été environné d'un simple mur d'enceinte crénelé et d'un fossé de dix mètres, il est certain que leurs armées n'eussent jamais pénétré en Frace, car le temps qu'ils eussent mis à faire des siéges à la frontière eût vingt fois permis à nos armées de se refaire et à l'empereur de reprendre l'offensive. Napoléon ne regretta que trop d'avoir cédé à la crainte d'ébranler la confiance du peuple français en environnant la capitale d'un rempart au fort de ses triomphes. Il reconnaissait le premier que si Vienne et Berlin eussent été protégées par des défenses sérieuses, l'Autriche et la Prusse n'eussent jamais été pour lui le fruit d'une seule grande bataille heureuse, et que tout son système de guerre eût été forcément changé.

Si l'on joint à ces observations les principes suivants, bien connus de tous les hommes du métier : Que la force obligée d'une armée de siège croît dans une proportion plus grande que le carré du rayon de la place, et que toutes choses égales d'ailleurs, les lignes de défense sont d'autant plus puissantes qu'elles présentent moins de saillants, on n'aura pas de peine à comprendre qu'une place de la dimension de Paris, revêtue d'une simple enceinte bastionnée, ordinaire, dépourvue même d'ouvrages extérieurs, n'eût-elle que cinquante ou soixante mille hommes de troupe de ligne et l'élite de la garde nationale pour servir les remparts, ne saurait être raisonnablement investie et assiégée que par une armée de six à huit cent mille hommes, déjà maîtresse au moins de trois places frontières. Or, l'hypothèse de toutes ces conditions, est inadmissible dans l'état actuel de la France et de l'Europe.

La fortification de Paris rend donc d'un seul coup à la ligne de nos places frontières toute leur ancienne valeur défensive, et consacre en fait l'inviolabilité du sol de la France. On peut le dire avec une probabilité si grande, qu'elle équivaut à la certitude : *Paris bien fortifié ne sera jamais assiégé.* Ainsi, au point de vue d'une collision européenne, et pour tous ceux qui croient que la paix n'est et ne saurait être que l'*ajournement de la guerre,* l'embastionnement de Paris, dont on a beaucoup trop faiblement apprécié l'importance militaire en disant qu'il équivaudrait à une armée de cent mille hommes, est une mesure éminemment utile, puisqu'elle accroît indéfiniment la résistance de la France. Mais ce n'est pas la force défensive seule qui s'accroît ainsi ; car, Paris fortifié, la France toute entière devient une citadelle immense.

Ajoutons à ces considérations l'opinion de deux grands hommes de guerre, de Vauban et de Napoléon, sur la nécessité de fortifier Paris.

En 1700, Vauban, dont le vaste génie lisait si bien dans l'avenir, fit un mémoire qui avait pour titre : *De l'importance de Paris à la France, et du soin que l'on doit prendre pour sa conservation.*

« Paris, y est-il dit, est à la France ce que la tête est au corps humain, c'est le vrai cœur du royaume, la mère commune des Français, et l'abrégé de la France, par qui tous les peuples de ce grand État subsistent. Son peuple est nombreux et naturellement bon; et comme elle est fort riche, il est à présumer qu'il n'arrivera rien de si fâcheux au royaume dont il ne puisse se relever par les puissants secours qu'elle pourra lui donner, considération qui fait qu'on ne peut prendre trop de précautions pour la conserver, d'autant plus que, si l'ennemi avait forcé nos frontières, il ne faut pas douter qu'il ne fît tous ses efforts pour se rendre maître de cette capitale, ou du moins de la ruiner de fond en comble, ce qui serait peut-être moins difficile présentement, sa clôture étant rompue et ses fossés comblés, et qu'il n'y a point de ville en Europe où l'effet des bombes soit plus à craindre qu'à Paris, toutes les fois que l'ennemi pourra se mettre à portée d'y en jeter.

« Il est très-visible que ce malheur serait un des plus grands qui pût arriver à ce royaume, et qu'il ne s'en releverait peut-être jamais, car on n'a guère vu la perte d'une capitale sans qu'elle ait été suivie de celle de l'État. C'est pourquoi il serait, à mon avis, de la prudence du roi d'y pourvoir de bonne heure, et de prendre des précautions pour le mettre à couvert d'une si épouvantable chute. »

Nous ne rappellerons pas ici les détails d'exécution du projet de Vauban contenus dans ce mémoire. Ils doivent être modifiés aujourd'hui par l'agrandissement de Paris; mais nous citerons encore une observation de cet illustre maréchal, dont la justesse doit être prise en considération :

« La dépense des ouvrages de fortification, disait Vauban, n'est pas ce qui doit rebuter le roi, puisqu'il n'en sortira pas une pistole du royaume; ce sera un argent remué aux environs de Paris, qui donnera à vivre à quantité de pauvres gens. Cet argent, faisant sa circulation plus vite qu'à l'ordinaire, reviendra à son centre beaucoup mieux que de toute autre façon. »

Napoléon, dans les Mémoires dictés à Sainte-Hélène, parle ainsi de l'importance qu'auraient eue les fortifications autour de Paris en 1815 :

« Quelque soin qu'on mît, dit-il, à réformer l'armée et à réorganiser la défense des frontières, il était à craindre, si les hostilités commençaient à l'automne, que les armées de l'Europe conjurée ne fussent de beaucoup plus nombreuses que les armées françaises, et alors ce serait sous Paris et sous Lyon que se décideraient les destinées de l'empire. Ces deux grandes villes avaient jadis été fortifiées comme toutes les grandes capitales de l'Europe, et comme elles, elles avaient depuis cessé de l'être.

« Napoléon avait souvent eu la pensée, notamment au retour de la campagne d'Austerlitz, de fortifier les hauteurs de Paris. *La crainte d'inquiéter les habitants*, les évènements qui se succédèrent avec tant de rapidité, l'empêchèrent de donner suite à ce projet; il pensait qu'une grande capitale est la patrie de l'élite de la Nation; qu'elle est le centre de l'opinion, le dépôt de tout, et que c'est la plus grande des contradictions, que de laisser un point aussi important sans défense immédiate. Aux époques de malheurs et de grandes calamités, les États manquent souvent de soldats, mais jamais d'hommes pour leur défense intérieure; 50,000 gardes nationaux, 2 à 3,000 canonniers, défendront une capitale fortifiée contre une armée de 300,000 hommes; et 50,000 hommes en rase campagne, s'ils ne sont pas des soldats faits et commandés par des officiers expérimentés, seront mis en désordre par une charge de quelques milliers de chevaux. Paris avait dû, dix à douze fois, son salut à ses murailles. Si, en 1814, elle eût été une place forte capable de résister seulement huit jours, quelle influence cela n'aurait-il pas eu sur les évènements du monde? Si en 1815, Vienne eût été fortifiée, la bataille d'Ulm n'eût pas décidé de la guerre. »

L'opinion de ces grands maîtres est donc conforme aux enseignements de l'Histoire.

Paris doit être fortifié, et le gouvernement, en activant de tous ses moyens ces importants travaux, méritera bien de la patrie.

Le roi a désigné le lieutenant-général Dode de la Brunerie, président du Comité des fortifications, et sous ses ordres le général du génie Vaillant, le maréchal-de-camp Dupau, les colonels du génie d'Aigremont, Noizet, pour diriger les travaux de fortifications qui s'exécutent par le concours des ministres de la guerre et des travaux publics. Le roi a abandonné la partie de son parc de Neuilly, que doivent traverser les fortifications, pour hâter le commencement des travaux avant que l'expropriation ait rendu libres les autres terrains. Sa Majesté a posé elle-même la première pierre de ce travail qui marquera son règne, le 6 octobre dernier, anniversaire de sa naissance.

Le système de fortifications est celui qui a été proposé par la commission de défense générale, nommée le 29 avril 1836, pour arrêter définitivement le plan de défense du royaume. Cette commission, composée d'officiers généraux de toutes armes, a terminé et présenté son travail le 6 mai 1840. Le projet qui a prévalu dans son ensemble, est celui du général Pelet.

D'après ce système, une enceinte régulièrement construite avec bastions, escarpe en maçonnerie, fossés, glacis, comprendra Paris et ses faubourgs, et pourra renfermer le triple des surfaces actuellement bâties. Elle suivra à peu près la ligne que devaient occuper les forts détachés dans les plans antérieurs.

Au midi de Paris, elle partira de la dernière maison de la gare d'Ivry ; elle traversera les routes de Vitry et de Fontainebleau ; elle passera au sud de la Maison Blanche, traversera la Bièvre au dessous de Gentilly, la plaine de Monsouris, passera au sud du Petit-Montrouge, à l'ouest de Vaugirard et de Grenelle, enfin ira aboutir à la Seine vis à vis Auteuil, au dessous de Beau-Grenelle. Une grande route stratégique sera construite le long du mur de fortification de la gare d'Ivry au Beau-Grenelle.

Au nord, le rempart suivra les hauteurs d'Auteuil, de Clichy, de la Villette, de Belleville, de Montreuil, et ira se réunir aux travaux de Charenton.

Le fort de l'Épine, n° 5, ne sera peut être pas construit.

Les principaux ouvrages avancés qui protégeront le mur d'enceinte, sont, sur la rive droite, les forts de St-Maur (*a*), de Nogent (*b*), de Fontenay-aux-

Bois (*c*), de Rosny (*d e*), de Romainville (*f*), de Noisy-le-Sec (*g*), de Pantin (*h*), les grandes fortifications de St-Denis (*ij*), et le fort du Mont-Valérien (*k*).

Sur la rive gauche, les forts de Meudon (*l*), Sèvres (*m*), Fontenay-aux-Roses (*n*), Arcueil (*o*), et Bicêtre (*p*).

Un nouveau pont sera jeté sur la Seine au dessus de Bercy, précisément en face des points où aboutissent les remparts de la rive gauche et de la rive droite.

Par une circonstance due au hasard, le remblai du chemin de fer de Paris à Corbeil présente sur la rive gauche un rempart naturel fort bien construit et d'une grande solidité, d'autant plus qu'il est précédé vers le nord d'un fossé d'une grande profondeur.

Les travaux du chemin de fer de Paris à Versailles et Saint-Germain, serviront aussi aux moyens de défense de la rive droite.

Les remparts n'apporteront aucune altération aux circonspections administratives, ni à la liberté des communications actuellement existantes. La ville sera protégée contre les batteries de l'ennemi par des ouvrages extérieurs, tous plus éloignés de Paris que ne l'est le fort de Vincennes. Ces ouvrages formeront la première ligne de défense, et pourront tenir l'ennemi à une distance de Paris, suffisante pour rendre impossible l'action des projectiles incendiaires.

Ce plan, qui réunit les avantages attachés aux divers systèmes proposés par les hommes de l'art, est antérieur de plusieurs mois aux évènements actuels. Il résout les principales difficultés, met Paris à l'abri de tout danger extérieur, rend surtout un siège impossible, en ôtant à l'ennemi tout espoir d'emporter un si vaste ouvrage. Il est destiné à exercer sur la politique de la France une influence considérable, car il met le pays à l'abri du plus grand danger qui puisse le menacer dans un cas de guerre générale. Il formera, avec les beaux travaux déjà exécutés à Lyon, deux grands centres de résistance sur les deux points les plus importants du territoire. En donnant à la France une force immense, il diminue les chances de guerre.

De tous temps, ainsi que nous l'avons vu, on a fait, de la force et de la sûreté de la capitale, une des conditions essentielles de l'indépendance du pays. Fortifier Paris, c'est le ramener à son état primitif, et revenir, par cette mesure de prévoyance, à une garantie de sécurité consacrée par l'expérience de tant de siècles.

FIN.

www.ingramcontent.com/pod-product-compliance
Lightning Source LLC
Chambersburg PA
CBHW051727050726
47598CB00003B/1082